UN HAVRAIS A LOURDES

Le Voyage. — Les Foules.

La Grotte. — Les Guérisons.

Aperçus divers.

PRIX : **25** CENTIMES

Au profit des Ecoles libres

HAVRE
IMPRIMERIE DU COMMERCE
3, RUE DE LA BOURSE, 3

1886

Dépôt principal : 44, rue de Bordeaux

UN HAVRAIS A LOURDES

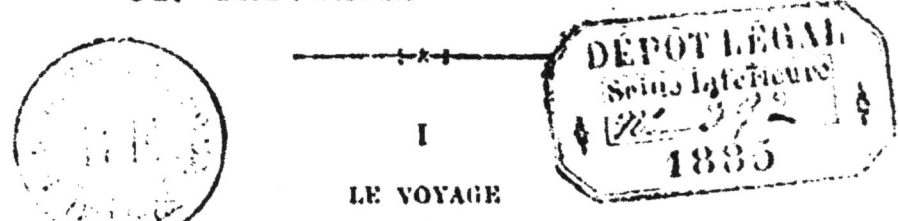

I

LE VOYAGE

J'ai voulu le fouler ce coin de terre béni qui s'appelle Lourdes et où, de tous les points du monde, les pèlerins accourent en foule depuis vingt ans.

Après avoir bouclé ma valise, je suis donc parti du Havre, le lundi 21 septembre, par le train de cinq heures trente-cinq du matin.

Mon bâton de voyage, c'était ma fille. Elle avait égrené son chapelet et je me dis : Confiance! tout ira bien.

Nous fîmes une courte oraison mentale en passant devant la statue votive de Notre-Dame du Havre-de-Grâce.

Dès le début de notre long voyage, nous tenions, ma fille et moi, à nous placer sous la protection de Marie à qui nous offrimes par anticipation nos fatigues et nos trente-sept heures de chemin de fer.

Mais la Très Sainte Vierge nous réservait une bien douce surprise, car ces trente-sept heures de railway, que nous nous efforcions d'accepter en esprit de pénitence et de sacrifice, ne devaient même pas être suivies de la plus légère courbature.

On ne se doute pas des bénédictions et des grâces spéciales attachées au pèlerinage de Lourdes.

Valides et dispos, trente-sept heures de route inquiétaient notre mollesse, et de pauvres malades, épuisés par la souffrance, les ont supportées avec autant de joie, de contentement et de bonne humeur que nous.

On prie si bien les uns pour les autres pendant ce béni voyage.

Mais poursuivons le cours de notre récit, sauf à l'interrompre plus d'une fois encore par quelques digressions.

De même que, à Lourdes, on suit les merveilleux lacets des roches Massabielle sans cesser d'être présent en esprit devant la grotte miraculeuse, nous suivrons les épisodes et les incidents de notre voyage sans en oublier ni le but, ni l'objet.

Il est donc six heures du matin et nous filons sur Rouen à une allure très modérée : le cheval de feu de la Compagnie de l'Ouest n'étant qu'une métaphore pour des pèlerins avides de prendre la croix.

Arrivés à Rouen, à huit heures trente-huit, nous traversons la ville à pied. Chargés comme des mulets, avec nos paniers remplis de vivres pour deux jours et nos couvertures de voyage, nous éveillons l'attention des commissionnaires qui s'empressent de nous faire leurs offres de services. Ces pauvres commissionnaires nous paraissent avoir tant d'envie de se mettre une bouchée de pain sous la dent, que nous leur livrons nos colis en les priant de nous guider jusqu'à la gare Rouen-Orléans, point de formation et de départ du pèlerinage.

Encore un bon présage! Cette gare est située à quelques pas du monument de J.-B. de La Salle, fondateur de l'Institut des Frères de la Doctrine chrétienne.

J.-B. de La Salle fut le fervent ami de la sainte Vierge et l'eût toujours pour collaboratrice.

Honneur aux Rouennais! C'est avec une entente parfaite des moindres détails que le train du pèlerinage de 1885 avait été organisé. L'autorité ecclésiastique, représentée par M. l'abbé Fallet et M. le curé de la cathédrale, s'était mise en rapports avec la Compagnie de l'Ouest pour élaborer soigneusement cette organisation. Chaque compartiment de huit personnes est numéroté aux deux portières. Le billet du pèlerin correspond au numéro du compartiment. On occupe la même place à l'aller comme au retour. Au bout de dix minutes on a fait connaissance avec tous ses voisins.

Ah! quel lien puissant que l'unité de foi religieuse, et comme l'on est vite frères lorsque le même but de piété vous réunit. Quelle force aurait un peuple avec un seul *credo*.

Pauvre France! cette grande force de l'unité de la prière, ce ciment de la foi religieuse, puisses-tu les recouvrer.

Pèlerins de Rouen, prions ardemment pour notre cher pays.

> Pitié mon Dieu, si votre main châtie (1)
> Un peuple ingrat qui semble la braver.
> Elle commande à la mort, à la vie
> Par un miracle, elle peut nous sauver.

Donc, nos places prises et nos paquets arrimés, le train s'ébranle.

Les malades sont l'objet des soins les plus dévoués. Personne ne songe à conserver la place que le destin lui accorde dès que cette place semble être l'objet du désir d'un malade. Chacun s'empresse d'offrir son « coin », contrairement à ce qui se pratique dans les trains de plaisir. Ici, la charité tue l'égoïsme. Les valides qui, par excès de délicatesse, ont emporté des coussins pour lutter contre le rembourrage, trop primitif,

---

(1) Cantique du pèlerinage.

des troisièmes, offrent ces coussins aux infirmes et s'asseoient gaiement sur les planches.

Il y a dans ces trains de Lourdes comme un souffle d'universelle générosité. Et n'eût-on qu'une poire à partager, on sentirait le besoin d'en faire dix morceaux. Les provisions de chacun deviennent les provisions de tous. Riches et pauvres sont de la même gamelle. O délicieuses agapes de la fraternité chrétienne, qui donc vous échangerait contre un dîner ministériel ou préfectoral.

Les commissaires organisateurs dépensent la plus louable activité. Un avocat distingué de Rouen a toutes les sollicitudes d'une « bonne sœur » pour nos chers malades. Il plaidera demain la cause de la veuve et de l'orphelin. Aujourd'hui, au lieu de la toge et du rabat, qui le gêneraient peut-être pour servir les bouillons, il porte un « complet » gris et un chapeau de paille. — Sur sa poitrine deux sangles de gros cuir : il est brancardier, et, pendant quarante-huit heures, à Lourdes, il brouettera les impotents qu'il est chargé d'héberger en chemin.

Ave Maris stella
Dei Mater alma
Atque semper virgo
Felix cœli porta.

Nous roulons ! en saluant Bon-Secours de cette hymne attendrie. Puis, commencent les belles prières de l'itinéraire : « Que le Seigneur tout puissant et miséricordieux nous mette
« en chemin, nous donnant paix et prospérité ; que l'ange Ra-
« phaël nous accompagne le long de la route, que nous ren-
« trions chez nous en paix, joie et santé.

« O Dieu qui avez gardé sain et sauf Abraham dans toutes
« ses pérégrinations, daignez, nous vous en prions, garder
« aussi vos serviteurs.

« Partons en paix
« *Procedamus in pace*. »

On nous dirige sur Serquigny où nous arrivons à midi 28 après avoir fait notre premier repas en wagon et acquis l'art d'équilibrer nos assiettes sur nos genoux et de ne pas renverser notre vin sur nos saucisses.

La croix du pèlerinage (drap rouge avec bordure blanche) nous est alors remise. On nous distribue également des feuilles imprimées indiquant le parcours et les temps d'arrêt.

Voici les points de repère de notre route : Serquigny, Lisieux, Mézidon, Argentan, Alençon, Le Mans, Châtellerault, Poitiers, Angoulême, Bordeaux, Mont-de-Marsan, Tarbes, Lourdes.

Trois chapelets doivent être récités chaque jour en commun : deux le matin, un le soir. Nous disons notre deuxième chapelet du premier jour entre Mézidon et Argentan. Une légère pluie qui nous poursuit depuis Lisieux cesse à Argentan, où un magnifique arc-en-ciel semble couronner notre train.

A 5 heures 45, après avoir admiré les gros pommiers normands, partout prodigieusement couverts de pommes, nous arrivons à Alençon.

A 7 heures 30, nous sommes au Mans. Vingt-cinq minutes d'arrêt. Nous allons chercher de l'eau et nous revenons dîner dans nos wagons. Les fumeurs rendent leurs devoirs à Jean Nicot. Naturellement on ne fume pas dans les wagons, vu la présence des malades. Mais aux stations principales, on peut payer son tribut au tyran Tabac.

Nous faisons notre prière du soir à Château-du-Loir (9 heures 14). On s'installe ensuite pour dormir. Les petites marchandes de couteaux de Châtellerault ont l'indiscrétion de nous offrir leur marchandise à minuit 24. Néanmoins, nous faisons quelques emplettes d'assez bonne grâce.

A Poitiers (1 h. 15, matin), tout mon compartiment ronfle.

Les premières lueurs du jour nous réveillent à Angoulême (4 h. 47). On fait la prière du matin. Les cantiques se succèdent.

> Vierge notre espérance
> Etends sur nous ton bras.
> Sauve, sauve la France,
> Ne l'abandonne pas.

Le bruit des wagons rhythme les airs, et nous domptons jusqu'aux accompagnements, trop indiscrets, de la locomotive.

Notre train est un véritable atelier de la prière.

Aucune chrétienne intention n'y est oubliée.

On prie pour l'extension de l'Eglise, la France, la paix du monde, les parents, les amis, les vivants, les morts.....

Nous nous unissons d'intention, dans nos cellules roulantes, à ces anges des cloîtres, holocaustes de l'amour, dont l'ardente oraison, à l'heure présente, est plus utile à la France que tout paratonnerre de l'humaine politique.

Oui, la Sainte Vierge sauve les Francs. *Regnum Galliæ, regnum Mariæ.*

> Ah ! Lois, mère Immaculée
> Des Lolennais, la procession
> Qui vient dans ta chère vallée
> Chanter à son tour ton saint nom.
> Autour d'eux ranime les flammes
> Des évangéliques vertus
> Obtiens paix et lumière aux âmes
> De leurs amis qui ne sont plus.

Complet changement de décor à Angoulême. La Charente que Henri IV appelait le « plus beau ruisselet » de son royaume, a un inexprimable charme. Rien ne nous rappelle plus la Normandie, de beaucoup plus rustique que le paysage quasi-méridional qui se déroule devant nous.

Ce ciel bleu pâle n'est pas de Rouen.

Ces peupliers fluets ne sont plus nos gros arbres. Ces herbes, fines et luisantes, n'ont rien de nos gras pâturages.

Mais quelles admirables campagnes, néanmoins, et que de tons et de couleurs, pour dessiner la France, il a mis sur sa palette le grand artiste qui s'appelle Dieu !

Bordeaux nous ravit. C'est avec la pourpre de l'Orient que sont dorées les vignes de la Gironde.

N'était son activité commerciale, en voyant la ville de Bordeaux si gracieusement assise au milieu du paysage lumineux qui l'encadre, on pourrait l'appeler sans hyperbole la Sultane de l'Ouest !

L'après-midi nous traversons les Landes, en luttant contre la monotonie des pins et de la bruyère par l'exécution de nombreux cantiques.

> O Marie, ô mère chérie
> Garde au cœur des Français
> La foi des anciens jours.
> Entends du haut du ciel
> Le cri de la Patrie
> Catholiques et Français toujours.

Nous faisons notre second déjeuner à Mont-de-Marsan (1 h. 10).

Alors, la fièvre de l'arrivée nous saisit.

A Vic-de-Bigorre (3 h. 57), on aperçoit les cimes neigeuses des Pyrénées. — Puis vient Tarbes. Chaleur accablante.

Puis...... Lourdes !

> O jour d'éternelle mémoire
> Où la mystique vision
> A daigné révéler sa gloire
> A la voyante du vallon.
> Oui, je te crois Immaculée,
> Pierre l'a dit, j'en crois son infaillible voix,
> Toi même l'as redit, dans la Grotte embaumée.
> Immaculée, oui, je te crois !

II

LES FOULES

Toute la population, très pauvre, de Lourdes est sur pied. Elle enserre la gare pour nous faire ses offres de services.

Six pèlerinages sont déjà arrivés :

Tours	750 pèlerins
Saint-Antonin (Tarn-et-Garonne)	700 »
Angers	750 »
Le Mans	1.171 »
Saint-Brieuc	600 »
Luçon	1.400 »
Total	5.371 pèlerins.

Nous sommes 575 Normands, ce qui porte à 5,949 l'effectif des sept pèlerinages arrivés à Lourdes le 22.

Les deux pèlerinages de la veille ; Isle-en-Dodon et Saint-Sulpice-de-Lezat comptant 780 personnes, le nombre total des pèlerins présents, pendant la semaine du 21 au 27, est donc de 6,729.

Parfois 12, 13 et 14 mille pèlerins sont réunis en même temps.

Du mois de mai à la fin d'octobre, plus de 100,000 croyants visitent la grotte.

Et Lourdes, qui compte à peine 12,000 habitants, parvient à loger ces foules.

Problème insoluble partout ailleurs ; mais facile à résoudre ici, puisque chaque habitant pour ainsi dire se fait hôtelier.

Nous descendons chez une brave femme, camarade d'école de Bernadette.

Malgré nos trente-sept heures de route, après une légère réfection et un coup de brosse à nos habits, nous sommes sur pied, une petite heure après notre arrivée, pour assister à la procession aux flambeaux d'un pèlerinage breton.

Je renonce à décrire. C'est dans le vestibule du Ciel que je me crus transporté. Jamais pareil spectacle ne s'était offert à mes regards. J'aperçus d'abord sur une immense place des légions de pèlerins, graves, recueillis, portant tous un cierge à la main et qui priaient avec une ardeur telle, que je ne pus résister au besoin de m'agenouiller à côté d'eux.

Combien de temps dura ma prière, je ne saurais le dire ; mais ce que je sais, c'est qu'elle me laissa dans l'âme une paix que je n'avais encore jamais goûtée. On prie mieux ici que partout ailleurs. Toutes les tristesses, toutes les douleurs de l'âme y sont comme absorbées par je ne sais quels célestes baumes. Le cœur y ressent quelque chose de doux, de reposé, un contentement parfait, tout intime, tout intérieur.

D'instinct, nous prîmes nos chapelets. Nous ne pouvions résister au besoin d'affirmer publiquement que nous étions, mes compagnons de route et moi, venus là pour nous armer chevaliers de la Sainte Vierge, porter ses couleurs et chanter ses louanges !

— 7 —

Notre piété normande, peu expressive d'ordinaire, avait des élans inconnus, et, cependant, nous l'eussions volontiers gourmandée parce qu'elle nous paraissait trop froide.

Beaucoup d'entre nous, — et j'étais de ce nombre, — n'avaient jamais prié les bras en croix, à la façon des premiers chrétiens. Or, dès le premier soir de notre arrivée, nous priâmes ainsi tout naturellement et sans effort. Il nous eût semblé presque impossible de prier autrement. Ici, avec la rapidité de l'éclair, toutes les pudibonderies du respect humain disparaissent.

Lorsque je levai les yeux, j'eus devant moi un splendide enlacement de montagnes qui accuse toute la hardiesse du ciseau divin.

Aux flancs d'une de ces roches qui paraissent taillées par la foudre, la Grotte miraculeuse et bénie !

Plus haut, l'éblouissante basilique de Notre-Dame de Lourdes.

A nos pieds, le Gave enchanteur qui, lui aussi, semble murmurer l'*Ave Maria*, comme les foules agenouillées sur ses bords.

O joie ! nous le foulons ce coin de terre français où la Sainte Vierge a daigné poser les pieds.

C'est à l'appel d'une pauvre petite bergère à laquelle Marie transmit ses ordres, que, de tous les points du monde, les foules accourent ici. La reconnaissance des pèlerins a tapissé ce sanctuaire d'incomparables *ex-voto*. Les drapeaux de toutes les armées ; l'or de tous les trônes ; la croix d'honneur du soldat comme le chapelet de la paysanne, décorent à la fois les murailles de la sainte basilique.

Chacun écrit à Lourdes son acte de foi avec ce qu'il a de plus précieux : la grande dame avec ses diamants, et l'humble bretonne, avec sa croix de cuivre !

Ces monceaux de béquilles disent les innombrables guérisons dues à la ferveur de la prière. Les cas qui désespéraient la science n'ont pas résisté à une dizaine de chapelet.

Les incrédules ont voulu voir et sont venus pour rire. Beaucoup sont revenus avec la foi ; tous, avec le respect.

Et les rieurs qui devaient tant rire ont prié.

Notre-Dame de Lourdes, voilà vos merveilles.

La foi s'est affermie ; la charité s'est dilatée.

Infirmités du corps et infirmités de l'âme, à vos pieds la prière a tout vaincu.

Il est dix heures du soir. Nous ne nous lassons point de suivre du regard les splendides lacets des Massabielle illuminés *à giorno* par les torches des Bretons. L'*Ave Maria* se répercute dans les anfractuosités de la montagne. Un vent léger agite le feuillage. Le Ciel n'est pas plus étoilé que nos cœurs !

Beaucoup de pèlerins passent une partie de la nuit à la

Grotte. Les prêtres retiennent des autels pour célébrer la sainte messe le lendemain.

Les messes commencent à minuit. On en dit quinze ou vingt en même temps. La basilique ne désemplit pas.

III

LA GROTTE

C'est à six heures du matin, le mercredi 23 septembre, que le premier exercice de notre pèlerinage a lieu.

Réunis à la Grotte, nous y entendons la messe.

Puis, nous nous approchons de la sainte table, les yeux fixés sur le point des Massabielle où la Sainte Vierge est apparue.

Ces joies ne se racontent pas : il faut les goûter.

C'est sous les yeux de la Mère que nous allons au Fils.

Oui, malgré notre indignité, Marie nous regarde.

Ce roc est le trône français de sa douce pitié.

Notre-Dame de Lourdes, priez pour nous!

Pendant la matinée et une partie de l'après-midi, nos malades et ceux des autres pèlerinages sont conduits aux piscines :

Plus heureux que ceux de Bethsaïda, ils n'attendent pas celui qui doit les y plonger.

L'entrain des brancardiers est admirable. Ils ne reculent devant aucune fatigue. Couverts de poussière, ruisselants de sueur, on voit attelés aux chariots des malades, des hommes du monde, des fils de famille et parfois même jusqu'à des princes.

Les deux fils du prince de Lucinge sont brancardiers du pèlerinage de Saint-Brieuc.

Si, ailleurs, l'orgueil est le mal des âmes, c'est l'humilité qui règne et triomphe ici. On y lutte à qui se fera petit. On y est avide d'humiliations volontaires et d'abaissements consentis. Il faut voir avec quelle vénération les riches assistent — que dis-je, comblent de prévenances — tous les pauvres.

« C'est à Lourdes, m'écrit un de mes amis, que j'ai décou« vert ce que c'est que la charité. Je me croyais un homme « charitable, alors que j'étais loin, bien loin de l'être. »

Pour mon compte, hélas! je fais la même découverte.

Les pauvres enlacent d'un doux regard leurs frères en Jésus les riches.

J'ai toujours devant les yeux cette scène :

Un paralytique pauvre attend un brancardier pour être transporté aux piscines. Un élégant jeune homme s'attèle au chariot du malade. Ce dernier fait un signe de croix et levant un regard ému vers le ciel semble dire : Seigneur, si vous ne permettez pas que je sois guéri, que du moins mes souffrances jointes aux vôtres effacent les péchés de ce riche !

Et cette scène là, elle est si fréquente, si ordinaire à Lourdes que nul ne paraît y prêter attention.

On peut dire des chrétiens réunis ici ce que l'on disait de ceux des premiers siècles : « Voyez donc, comme ils s'aiment entre eux ! »

L'arbre se juge à ses fruits. Si des prodiges de toute sorte attestent la vérité des Apparitions, un des grands miracles de Lourdes n'est-ce point aussi ce revirement des âmes, cette transformation des cœurs, cette universelle victoire de l'humilité sur l'orgueil et de la charité sur l'égoïsme.

Oui, le doigt de Dieu est là.

Digitus Dei est hic.

A genoux, les bras en croix, baisant la terre, artistes, hommes du monde, savants, gens du peuple, nous prions tous ardemment autour des piscines. Un exercice religieux est à peine terminé, que nous éprouvons le besoin d'en recommencer un autre. Il semble que la vie d'oraison, réservée ailleurs à quelques âmes d'élite, soit ici la vie naturelle et commune.

Une anecdote :

Un jeune prêtre de mes amis s'était dit : Je prierai le matin et comme il n'est pas défendu d'admirer les merveilles de la nature, je me promènerai l'après-midi dans les montagnes.

Cet ecclésiastique avait acheté un chapelet et une canne.

Or, savez-vous ce qui est advenu.

Il n'a pas quitté la Grotte, usant toute la journée de son chapelet sans toucher jamais à sa canne.

Et il ne se plaint pas, je vous l'assure, de ses vacances de Lourdes.

Le chant du *Parce Domine*, répété à chaque instant devant la Grotte, est la prière par excellence de tous les pèlerins.

Pénitence, a dit, par trois fois, la Sainte Vierge à Bernadette.

Pitié, Seigneur, répètent les foules. Chacun sent ici le besoin de songer aux fautes de sa vie et aux expiations qu'elles appellent. Si, dans la famille, entre l'enfant coupable et le père irrité, la mère est le doux ministre de la réconciliation, aux Roches Massabielle Marie remplit le même rôle entre les pécheurs et Dieu.

Ce ne sont point seulement des corps déformés qui se redressent à la Grotte. Les déformations et les paralysies de l'âme y sont également réduites et vaincues.

IV

LES GUÉRISONS

Parmi les femmes dévouées qui font le service des malades de leur sexe, nous remarquons madame Sampic, d'Ourville (Seine-Inférieure), qui, il y a trois ans, fut à Lourdes, l'objet d'une guérison extraordinaire, ainsi rapportée par la *Semaine religieuse* de Rouen, n° du 14 octobre 1882 :

« Madame Sampic de la paroisse d'Ourville était, depuis plus d'un an, privée de l'usage de ses jambes. Elle passait ses journées assise dans un fauteuil. Deux fois déjà, pour d'autres motifs, elle avait fait le voyage de Lourdes avec les deux premiers pèlerinages de Rouen ; elle exprima le désir d'y retourner une troisième fois, pour solliciter sa guérison. Sa foi était si vive, et si grande sa confiance, qu'on n'osa le lui refuser. On l'y emmena étendue sur un matelas.

« Le soir même de notre arrivée à Lourdes, elle fut transportée sur un brancard à la Grotte, et y reçut la bénédiction du saint Sacrement. A ce moment, des douleurs fort vives qu'elle éprouvait à la tête disparurent. Le mercredi, elle assista avec les pèlerins de Rouen à la Messe de sept heures et quart à la basilique et y communia. Il fallut la conduire dans une voiture à la Grotte. Et celui qui écrit ces lignes put alors se rendre compte de son impuissance à marcher, car il l'aida avec un autre pèlerin, en la soutenant sous les bras, à descendre, degré par degré, les marches de la basilique.

« Elle fut plongée dans la piscine et dans le bain ; elle sentit un travail de restauration se faire dans sa tête, dans la région du cœur et dans les jambes. Elle se crut guérie. Elle demanda ses habits, dont elle se revêtit elle-même. Mais ses jambes lui refusèrent le service, et elle dut recourir aux brancardiers pour se faire transporter devant la Grotte.

« Déposée une seconde fois dans la piscine, pleine de confiance en Notre-Dame de Lourdes, elle sortit du bain guérie. Et comme les brancardiers lui offraient le secours de leurs bras, elle les remercia en leur disant gracieusement : « Je n'ai plus besoin de vos services. » Et en effet, elle se rendit à la Grotte sans l'appui de personne, et accompagnée d'une foule de pèlerins émerveillés qui avaient peine à la suivre, tant elle marchait d'un pas dégagé.

« Voilà ce que nous avons vu, nous le répétons, et ce qu'ont vu tous les pèlerins qui étaient avec nous à Lourdes. Nous n'anticipons point sur un domaine qui n'est pas le nôtre, sur le domaine de la médecine ; nous constatons seulement. Pour notre compte, nous en rendons gloire à Dieu et à la Mère immaculée de Jésus ! et nous croyons qu'il faut voir là un effet de l'intercession de Marie et de la toute-puissance de son Fils. »

A ce récit, nous pouvons ajouter *de visu* ce qui suit :

Madame Sampic jouit aujourd'hui d'une santé florissante. Sa marche est souple et rapide. Tous ses mouvements ont une aisance parfaite. On ne se douterait jamais qu'elle a été paralysée. Heureuse de témoigner de sa complète guérison, les 23 et

24 septembre derniers, elle s'est mise généreusement et avec une incessante activité pendant de longues heures à la disposition de toutes les femmes infirmes qui réclamaient ses soins.

En 1882, trois autres guérisons manifestes, soudaines, complètes prouvèrent aux pèlerins de Rouen que celui qui a la puissance de donner au minéral et à la plante la vertu de guérir, peut aussi, et sans la permission des Académies, guérir sans minéraux et sans plantes.

Notre pèlerinage normand de 1885 n'a pas été marqué par des guérisons aussi radicales que celui de 1882.

Nos malades ont éprouvé, toutefois, des soulagements sensibles, notamment ceux atteints de névroses, coxalgie, paralysies locales.

Mais c'est surtout le pèlerinage de Saint-Brieuc qui, par les deux guérisons, si remarquables, de Mesdemoiselles Marie Brisorgueil et Jeanne Morvan doit particulièrement fixer notre attention.

A notre retour au Havre, nous avons adressé une demande de renseignements précis et circonstanciés sur ces deux guérisons à M. l'abbé Chatton, chanoine, vicaire-général honoraire, et directeur du pèlerinage de Saint-Brieuc.

Voici les deux lettres que nous avons reçues de M. l'abbé Chatton qui, avec le plus aimable empressement, s'est mis à notre disposition en cette circonstance. Nous l'en remercions bien vivement et de tout cœur.

« Evêché de Saint-Brieuc et Tréguier.

« Saint-Brieuc, 28 octobre 1885.

« Cher Monsieur,

« Notre-Dame de Lourdes a réellement favorisé le dernier pèlerinage
« de Saint-Brieuc ; nous avons obtenu deux guérisons complètes, sans
« parler de quelques améliorations.

« Marie Brisorgueil, née à Lourelas (Côtes-du-Nord), et âgée de 32 ou
« 33 ans, était domestique à Paris. Depuis trois ans, elle était atteinte
« d'une maladie d'estomac qui l'avait complètement mise hors d'état de
« travailler. Elle avait consulté sans succès plusieurs médecins de Paris,
« son état s'aggravait de jour en jour et tout annonçait qu'elle ne résis-
« terait pas longtemps. C'est alors qu'elle se retourna vers Notre-Dame
« de Lourdes. Ayant su qu'un pèlerinage de Saint-Brieuc devait avoir lieu,
« elle demanda à en faire partie ; mais les ressources lui manquant, elle
« se recommanda à la charité de M. l'abbé Lehon qui lui procura les
« moyens de faire le voyage.

« Quand on la vit partir, on se demandait si elle pourrait arriver au but.
« M. l'abbé Lehon s'était même muni des saintes huiles en cas d'acci-
« dent. Cependant elle arriva, mais elle était extrêmement fatiguée. Le
« jour même, on la porta à la Grotte, elle se baigna dans la piscine pen-
« dant qu'un de nos prêtres récitait le chapelet pour nos pèlerins et aus-
« sitôt elle se trouva guérie.

« Le lendemain, M. l'abbé Lehon et moi, la présentâmes au médecin
« attaché à la maison des Missionnaires et voici l'exposé qu'elle fit, en

« notre présence, de la maladie dont elle avait été atteinte. Elle souffrait
« constamment d'une douleur très vive à l'estomac qui ne supportait pas
« la moindre pression ; l'épine dorsale elle-même était très sensible.
« Quand elle pouvait quitter son lit, elle était obligée de se tenir tout à
« fait courbée ; elle éprouvait des étouffements continuels, elle rejetait
« tous les aliments qu'elle prenait et ses vomissements étaient souvent
« de la plus mauvaise nature. Elle était surtout d'une faiblesse extrême
« et se sentait dépérir de jour en jour.

« Après avoir entendu sa déposition, le médecin l'examina, l'ausculta
« à plusieurs reprises et sans pouvoir préciser exactement la maladie
« qu'elle avait eue, reconnut que cette maladie avait dû être d'une
« extrême gravité. Du reste, l'état de maigreur où était cette pauvre fille
« indiquait assez ce qu'elle avait souffert.

« Cependant le médecin ne trouvait plus en elle d'autre trace de
« maladie qu'une légère sensibilité à l'estomac quand il appuyait sur cette
« partie. Aussi reconnut-il que la guérison était réelle et recommanda-t-il
« lui-même à notre heureuse pèlerine de remercier la *bonne mère*.

« Marie Brisorgueil, dès le soir de sa guérison mangea comme tout le
« monde, dormit d'un parfait sommeil ; le lendemain, vive et alerte, elle
« suivit tous les exercices du pèlerinage. Elle fit même le voyage de
« Betharam, supporta gaiement les fatigues du retour à Saint-Brieuc et se
« montra guérie à ceux qui l'avaient vue partir presque mourante.

« Depuis, sa guérison s'est maintenue ; elle s'est présentée à l'Evêché
« de Saint-Brieuc et a été vue d'une foule de personnes ; moi-même je
« l'ai rencontrée dans plusieurs circonstances et puis attester qu'elle se
« porte bien.

« L'autre malade se nomme Jeanne Morvan, des environs de Saint-
« Brieuc ; à peu près du même âge que Marie Brisorgueil, elle était à
« l'hospice de Saint-Brieuc depuis un an et souffrait d'une violente mala-
« die de l'estomac : vomissements continuels, faiblesse générale. Partie
« pour Lourdes dans un état inquiétant, elle s'est baignée en même
« temps que Marie Brisorgueil et a été guérie comme elle. Elle a été
« visitée en ma présence par le médecin qui a attesté la guérison. Jeanne
« Morvan est revenue à Saint-Brieuc avec sa compagne dans les mêmes
« conditions de santé persévérante que celle-ci. Sa guérison a été cons-
« tatée par tout le personnel de l'hospice et des milliers de personnes du
« dehors. Le médecin qui l'avait traitée et qui la voit aujourd'hui m'a dit
« à moi-même que la maladie, qui était très grave, a disparu.

« Vous le voyez, nous avons bien lieu de remercier Dieu et de bénir
« Notre-Dame de Lourdes.

« Usez des renseignements que je vous donne pour la plus grande
« gloire de la Vierge immaculée. Les missionnaires de Lourdes, sur le
« rapport du médecin, ont permis de chanter un *Magnificat* d'actions de
« grâce dans la basilique. De même au retour à Saint-Brieuc, messe à
« Notre-Dame d'Espérance et chant du *Magnificat* en présence des deux
« personnes guéries et d'une nombreuse assistance.

« Agréez, etc. « CHATTON,
 « Chanoine, vicaire général ».

Voici, maintenant, la seconde lettre que M. l'abbé Chatton
nous a adressée :

« Saint-Brieuc, 30 octobre 1885.

« Je vous envoie une copie du certificat du docteur Frogé, constatant la
« guérison de Jeanne Morvan dont je vous parle dans ma précédente lettre.

Ci-joint ce document :

« Jeanne-Françoise Morvan, âgée de 27 ans, d'une constitution délicate
« a éprouvé, à diverses reprises, des atteintes du côté de la poitrine, sous
« forme de bronchite, de broncho-pneumonie, avec fièvre.

« La dernière fois que Jeanne est entrée dans notre service, le 27 no-
« vembre 1884, elle était attachée comme aide à la cuisine de l'hôpital.
« Cette fois, ce n'étaient plus les voies respiratoires qui étaient le siège
« du mal, mais bien l'estomac lui-même qui était devenu le point de
« départ de symptômes névropathiques avec douleurs à l'épigastre, gon-
« flement de cette région et sensibilité vive à la pression, anorexie, par-
« fois regurgitation d'acides, vomissements, etc. Les vomissements se
« produisaient une heure ou deux après les repas, quelquefois plus tôt,
« ils étaient composés, sinon de la totalité, du moins d'une notable
« partie des aliments ingérés. De temps à autre apparaissait, comme
« épiphénomène, une douleur névralgique intercostale du côté gauche.

« En dépit de tous les moyens mis en usage, les vomissements ont
« persisté jusque dans la dernière quinzaine de septembre (20) avec une opi-
« niâtreté désespérante, mais toutefois sans avoir jamais présenté les carac-
« tères qui décèlent d'ordinaire une lésion organique de nature spécifique
« squirrheuse ou autre de l'estomac. Nous ne ferons point la trop longue
« énumération des moyens thérapeutiques que nous avons employés contre
« cette affection qui, malgré son caractère nevrosthénique dominant, n'a
« pas laissé de nous causer parfois de sérieuses préoccupations touchant
« sa terminaison.

« Cette malade est restée dans notre service jusqu'au 20 septembre et
« nous n'avions jusque-là constaté aucune amélioration réelle ou de
« quelque durée dans son état.

« Nous l'avons revue le 27 du même mois, de retour d'un voyage à
« Lourdes : *les vomissements avaient cessé de se produire, l'appétit était
« revenu et les aliments de quelque nature qu'ils fussent étaient digérés.*

« Ces bonnes dispositions se sont maintenues, à notre connaissance
« jusqu'au 22 octobre, époque à laquelle Jeanne Morvan, ayant à peu
« près recouvré ses forces, nous avons dû lui donner l'*exeat*.

Signé : Dr FROGÉ père.

Fait à Saint-Brieuc, le 23 octobre 1885.

Après les guérisons de Mme Sampic, de Marie Brisorgueil et
de Jeanne Morvan et tant d'autres, qui ne s'écrierait: Gloire,
gloire à Notre-Dame-de-Lourdes !

V

APERÇUS DIVERS

Mais qui sont les malades guéris ou soulagés ?
Des philosophes à la foi courte ?
Non.
Des croyants qui ne veulent point faire à Dieu les sacrifi-
ces qui leur sont intérieurement demandés ?
Pas davantage.
Des pharisiens qui se croient dignes de toutes les faveurs
du ciel ?

Encore moins.

Ceux là sont les privilégiés de Marie qui ont une foi droite et simple, une grande confiance en Dieu et surtout beaucoup d'humilité.

Ah! quels sérieux motifs d'espérer, ne trouve-t-on pas dans ces légions de gens du peuple qui viennent à Lourdes après s'être imposé tant de sacrifices et de privations pour faire face aux frais de leur voyage.

Quelle générosité au cœur de ces masses populaires; quel souffle puissant de foi chez tous ces humbles.

Cette année cinq pauvres femmes sont venues, à pied, du fond de la Hongrie pour prier à la Grotte et, en route, elles jeunaient du jeudi au samedi.

Est-ce beau?

Quelle leçon à notre sensualisme!

A 3 heures de l'après-midi, le 23 septembre, les pèlerins de Rouen se réunissaient à l'église paroissiale de Lourdes.

Quelques instants après, rangés sur deux files, ils se rendaient en procession à la basilique.

La population regarde passer notre long cortège avec le plus grand respect. Pas un commissaire de police dans les rues: ici c'est la piété populaire qui fait l'ordre — et il est bien fait. La récitation du chapelet alterne avec le chant des cantiques. Le nom de Marie, plus doux que le susurrement de la source, est à chaque instant sur nos lèvres.

La joie déborde de nos âmes. Ah! vienne une parole sainte et qui dise les gloires de Marie!

Cette parole nous l'avons avidement goûtée.

M. l'abbé Sarrazin, de St-Patrice de Rouen a été l'orateur véritablement inspiré de notre pèlerinage.

La puissance de Marie, l'antiquité de son culte, le grand jaillissement de foi et de charité qui s'appelle Lourdes, M. l'abbé Sarrazin a su dire tous les titres de la Sainte Vierge à notre filiale confiance et nous parler de cette bonne mère comme notre piété chrétienne voulait qu'on lui en parlât.

Incidemment, l'orateur a rappelé que le premier autel de l'Immaculée-Conception a été élevé en France dans la province de Normandie. La fête de l'Immaculée s'appelait d'abord la *fête aux Normands!*

Entre la procession de l'après-midi et celle du soir, nous parcourons la ville. On nous montre la chétive et pauvre maison de Bernadette qui, désormais, occupera autant de place dans les annales chrétiennes que nos plus célèbres cathédrales.

Nous visitons ensuite un très beau panorama, peint par une éminente pléïade d'artistes de Paris et qui figure Lourdes au moment des Apparitions. Il faudrait pouvoir relire ici l'incomparable livre de Henri Lasserre, l'auteur, non le chantre inspiré de *Notre-Dame de Lourdes!* Au premier plan du panorama : Bernadette en extase. Plus loin, Louis Bourriette, le premier miraculé de la Grotte. Puis les autres miraculés des premiers jours : la veuve Crozat, Blaisette Soupenne, Benoîte Cazeaux, Auguste Bordes, etc.

En sortant du Panorama nous parcourons les magasins d'objets de piété, notamment celui des orphelins d'Auteuil.

Il est absolument inexact que les gens de Lourdes cherchent à exploiter les pèlerins.

Une vaste chambre et trois excellents repas me coûtent par jour — devinez combien, — 3 fr. 75 centimes.

Est-ce que les gargotiers de Paris qui lisent le *Siècle*, comprennent l'hospitalité fraternelle comme les gens de Lourdes?

Nous ne faisions pas des festins de Lucullus — ce qui eût été peu conforme au but de notre voyage; mais nous satisfaisions, je vous l'assure, un excellent appétit.

Notre procession aux flambeaux fut non moins belle que celle des Bretons, ci-dessus décrite.

Sept pèlerinages réunis : Tours, St-Antonin, Angers, Le Mans, Luçon, St-Brieuc et Rouen.

Plus de 5,000 pèlerins en marche.

Une véritable armée de la prière, pleine d'enthousiasme et de foi et lançant aux gorges géantes des montagnes la salutation de l'ange à la Mère de Jésus.

Ave
Ave
Ave Maria!

C'était...., un avant-goût du Ciel!....

Le lendemain nous assistâmes à la messe d'actions de grâce. Vers 3 heures, nous nous rendîmes de la Grotte à la Basilique. M. l'Abbé Sarrazin nous fit une excellente instruction sur le Rosaire.

Notre procession aux flambeaux du second jour ne put avoir lieu, par suite de la pluie.

La messe du départ fut fixée au lendemain, vendredi 25, à *4 heures et demie du matin*, et personne n'y manqua.

Le départ! était-ce donc bien vrai qu'il était déjà écoulé le temps béni et si profitable que nous avions à passer aux pieds de la Grotte.

Le départ.... il fallait donc la quitter cette terre unique où l'on prie si bien et où, plus librement et mieux qu'ailleurs, l'âme semble s'unir à Dieu!

Partis de Lourdes à 6 heures 20 du matin, non sans un vif serrement de cœur, nous prolongeâmes nos pieuses joies jusqu'à Rouen, par nos prières et nos cantiques.

Une familiarité plus charmante, des rapports plus agréables, semblaient s'être établis, au retour, entre les pèlerins.

Pas un propos méchant... On dit que la médisance est le sel de la conversation, le pèlerin de Lourdes, lui, pense que la charité chrétienne vaut mieux pour la rendre attachante.

Nos malades sont tous plus forts, plus gais, plus vivants si je puis dire ainsi. Ceux même qui ne sont que faiblement soulagés ont acquis une résignation supérieure à leurs souffrances qu'ils acceptent en parfaite conformité à la volonté de Dieu.

Lorsqu'un prince de la science vous dit : « Habituez-vous à votre mal, je n'y puis rien » ce n'est pas ainsi que l'on rentre chez soi. On est abattu, atterré, sans courage.

Mais, à Lourdes, on ne connait pas ces désespoirs, après s'être adressé au Maitre de la vie par l'intermédiaire de la Très Sainte Vierge, et lorsqu'on ne revient pas guéri, toujours on revient consolé plein d'espoir.

Le samedi 26 septembre à 4 heures du soir nous étions de retour à Rouen.

La séparation des pèlerins fut pénible. Ce n'est pas en vain que, 6 jours durant, on vit de la même vie spirituelle.

Ces liens des âmes sont puissants et bons.

L'auteur de l'Imitation dit qu'au ciel on jouit d'une « douce et belle société ».

Les autres milieux humains sont trop remplis de haines et de convoitises pour que l'on ne regrette pas ces trains de Lourdes où la Foi, l'Espérance et la Charité font élection de domicile et préparent la Société du Ciel !

Mais nous nous promettons de réciter, chaque jour, les uns pour les autres un *Ave Maria*, et la séparation est alors moins pénible.

Le 26 à 8 heures du soir, nous étions au Havre.

Récapitulons :

74 heures de chemin de fer, deux nuits en wagon, 15 heures sur 24 données au bon Dieu, et pas la moindre fatigue.

Décidément, le voyage de Lourdes ne ressemble en rien aux autres voyages.

Lourdes c'est la paix de l'âme, accrue ou retrouvée.

Lourdes c'est l'oasis d'où, loin des choses, mesquines et troublantes de ce monde, le regard, sans effort, porte aux collines éternelles.

Lourdes c'es la foi, c'est la charité, c'est l'amour !

Que de grandes choses Dieu a toujours faites pour la France avec les plus petits outils !

Celui qui arma le frêle bras de Jeanne d'Arc pour sauver notre nationalité, ne semble-t-il pas vouloir, aujourd'hui, notre résurrection sociale par le..... chapelet de Bernadette !

EDOUARD ALEXANDRE.

Havre, Novembre 1885.

www.ingramcontent.com/pod-product-compliance
Lightning Source LLC
Chambersburg PA
CBHW071438060426
42450CB00009BA/2228